내 가슴의 꽃으로

국립중앙도서관 출판시도서목록(CIP)

내 가슴의 꽃으로 : 이근풍 시집 / 지은이: 이근풍. -- 대전
: 오늘의문학사, 2014
p. ; cm. -- (오늘의문학시인선 ; 340)

표제관련정보: 신라향가 4구체 8구체 10구체 재현시집
ISBN 978-89-5669-639-3 03810 : ₩8000

한국 현대시[韓國現代詩]

811.7-KDC5
895.715-DDC21 CIP2014026375

내 가슴의 꽃으로

이근풍 시집

오늘의문학사

|序言|

향가(鄕歌)는 신라시대의 노래입니다. 고구려의 황조가, 가락국의 구지가, 백제의 정읍사 등도 훌륭한 시입니다. 그러나 향가는 작품 수도 많고, 다양한 형식이어서 고대시가의 대표성을 띱니다.

향가는 4구체, 8구체, 10구체로 되어 있습니다. 그 순서대로 완성도가 높다고 합니다. 그래서 이번 시집에서는 주로 10구체 향가의 형식을 빌렸습니다. 가끔 4구체와 8구체도 실험해 보았습니다.

가슴 따뜻하게 하는 봄비 같은 시, 가슴 후련하게 하는 여름 소나기 같은 시, 삶을 되돌아보게 하는 가을비 같은 시, 그리움을 풀어내는 겨울의 첫눈 같은 시를 향가 형식에 담아 보았습니다.

2014년 이 근 풍

차례

1부 4구체 향가 형식으로
사랑의 불씨

차례

2부 8구체 향가 형식으로
아내의 일기장

차례

차례

차례

차례

1부

4구체 향가 형식으로

사랑의 불씨

나팔꽃

해 맑은 웃음으로
아침의 문을 열고
오가는 눈빛을 찾아
뚜뚜 나팔을 분다.

어머니 사랑 꽃

어머니 가슴에서 피어난
지고지순한 꽃
어머니의 사랑꽃이다.
영원히 지지 않는 꽃이다.

동백 1

바다를 밝히는 불꽃
바다와 육지를
이어주는
사랑의 다리

동백 2

한 번 타오르면
꺼지지 않는,
가슴에 남아 있는
사랑의 불꽃.

꽃 거울

아름답게 피어난 꽃
보는 사람 비추는 거울

날마다 거울을 보는 사람은
마음까지도 꽃을 닮는다.

사랑의 불씨 1

꺼져가는 불씨를 살린다.
되살아난 불씨가
마음을 밝히고
사회를 밝히는 희망이다.

사랑의 불씨 2

가슴에 간직하고 있는 불씨
모두 태우면 재가 된다.
어느 때나 다시 지필 수 있도록
작은 불씨 하나쯤 남겨야 한다.

희망 꽃

꾸준한 노력 없이는
피워낼 수 없는 꽃.
자신이 피워낸 꽃 중에서
가장 값진 꽃은 희망이다.

신년설(新年雪) 1

연초에 내린 눈
사람들의 찌든 마음을 씻네.
새해맞아 예약하는
한 해의 풍년.

신년설(新年雪) 2

각박했던 마음도
여유롭게 하는
잃었던 꿈도 되찾게 하는
하나님이 내리신 선물.

법정스님

이승살이 하실 때 스님은
청산(靑山)이 되고 싶으셨을까?
맑게 흐르는 물이 되고 싶으셨을까?
높이 나는 새가 되고 싶으셨을까?

사랑은 1

유한한 인생이
추구하는
무한한 사랑은
삶의 원동력이다.

사랑은 2

사랑은 다시 태어나는
새로운 생명력이다
멈춤 없이 뛰는
生의 심장이다.

수선화

거울처럼 맑은 물에
그 모습 비추며
흐트러짐 없는지
다시 한 번 살펴보네.

코스모스 길 1

코스모스 길에는
길손의 향수가 머문다.
女人의 애련한 눈빛
기다리는 여심이 있다.

코스모스 길 2

집 떠나던 가족
길손들이 떨구고 떠난
숱한 사랑 이야기
애절한 이별의 노래.

가을바람

가을바람 지나가다
가슴을 파고드네.

식어가는 가슴에 남아
떠날 줄을 모르네.

가을 잎새 1

노년의 얼굴이다
시간이 흐를수록
그 빛깔 퇴색해 가는,
먼 길 떠나야하는.

가을 잎새 2

가을의 분수령에
다다를 때면
매미가 한 박자
빠른 노래를 한다.

고독의 안개

젊어서도 가슴 한 켠에
고독한 안개 얇게 깔렸었는데
연륜 쌓일수록 그 안개
더 짙게 깔리네.

가을이면 1

가을이면 분주해지는
어머니 가슴,
오색 무늬 고운 빛깔,
우리는 단풍이 된다.

가을이면 2

어머니의 손끝에서
묻어나는 사랑의 향기
그 손길 하나하나가
행복의 열매다.

꽃이 있어

어느 때 찾아가도
웃으며 반기는 꽃
눈길까지도
꽃이 있어 행복하다.

시의 꽃

한편의 시가 누군가의 가슴에
희망의 씨앗으로 자리 잡으면
사랑의 노래로 불린다면
얼마나 보람 있고 값진 일인가.

2부

8구체 향가 형식으로

아내의 일기장

시간을 두고

꿈은 가까이 있는데도
멀리 보인다.
자신의 꿈 이루기 위해
장애물을 넘어야 한다.

오랜 기간의
인내와 끈기를 무기로 삼아
시간을 두고
한 걸음씩 다가가야 한다.

아내

아내는 날마다
자신이 가꾸는
화단의 꽃을 보며
행복하다.

꽃이 전하는
기쁨 행복이 더 크다며
꽃과 마주보고
활짝 웃는다.

어머니 그 이름

어머니 불러보면
가슴이 뛴다.
가슴 가득 차오르는
희망으로 벅차다.

마음이 울적하고
외로울 때에
어머니 불러보면
가슴이 따뜻해진다.

가을 나무

덕지덕지 붙어있던
욕망의 찌꺼기
훌훌 털어내고
잠시 잊고 기도한다.

봄을 준비하는
가을 나무가
실의에 빠진 사람들에게
잃은 꿈을 찾아 준다.

불 탄 자리에

살아가며
남에게서 당한 피해를
기억하지 말 일이다.
아예 잊을 일이다.

복수심 불태우면
불 탄 자리 돋아난 가시가
자신의 가슴을 긁으며
상처를 낸다.

부부

만남은 새로운 시작이며
예고된 이별이다.
오랜 세월 거센 세파 헤치며
같은 길 걸어온 부부.

자신의 뜻보다 배우자를 위해
조심스럽게 가는 길.
그 길 험난하더라도
손잡고 가야 할 길이다.

가을 들녘에서

탐스럽게 익어가는
열매를 본다.
수확하기까지 흘린
땀방울의 무게를 가늠한다.

다시 한 번 마음을 가다듬고
농민들이 흘리는
땀방울의 가치를
어허라, 가슴으로 읽는다.

행복은

누구에게나 행복은
소리 없이 오는 거야.

눈 부릅뜨고 찾아도
보이지 않는 거야.

아름다운 마음의 뜰에
살며시 찾아오는 거야.

어느 날 갑자기 찾아와
가슴 벅찬 감동이야.

무지개

유년의 푸르른 꿈
무지개로 떠 있네.

떠 있던 무지개
바람이 걷어가네.

또 다시 기다려 온
긴 세월.

무지개가 뜨지 않아도
그리운 사람.

말 한 마디가

그대가 무심코 던진
말 한마디가
누군가의 가슴에
화살이 된다.

가슴에 박힌 화살
빼낸다 해도
남아 있는 상처는
지워지지 않는다.

생명의 불꽃

거센 바람에도
활활 타오르며
꺼지지 않는
불꽃.

꺼질 듯 꺼질 듯
되살아나
미풍에도 흔들리는
불꽃.

시 쓰기

정신을 맑게 하는
시 쓰기 하나로
오랜 병마도
이겨낼 수 있었다.

생명의 꽃 피워낸
씨앗이
어려움 이겨내는
동력이었다.

시장에 가는 길

시장에 가는 길은
가슴 설레는 길이다.

장바구니 채우면
가족들의 행복한 모습

가슴 가득 행복이
차오르는 길

이웃과 만나는 기쁨
정을 나누는 곳이다.

나그네 길

지난날의 삶의 자취
물결로 출렁이고
아련한 옛 추억이
물속에 잠기네.

젊은 날의 푸르른 꿈
물거품 되고
외로웠던 나그네 길
노을 빛 해로 지네.

쉬어가도 되련만

생활의 짐을
버겁게 지고 가는 그대
가쁜 숨 몰아쉬며
고개를 넘네.

그 짐 잠시 내려놓고
쉬어가도 되련만
간혹 뒤돌아보며
쉬지 않고 달려가네.

박꽃

고향 사람들이
고향 하늘을 보며
가슴을 밝히고
고향의 밤도 밝히네.

소박한 정 담아
사랑을 전하며
두고두고 고향의 정
잊지 말고 찾아오라네.

백목련

우수가 배어 있는
목련의 눈빛
슬픔이
묻어나네.

순백의 눈부심에
가슴이 시려도
마음이
맑아지네.

살구꽃

고향집 담장 옆에
소박하게 피어나
이웃 간의 정
끈끈하게 이어주네.

꽃 지고 그 열매
익을 때면
새콤달콤 사랑 맛
쌓인 정을 나누네.

첫눈

눈이 내리네,
가슴으로 내리네.
사랑으로 쌓인 눈
싸늘하게 식어가네.

사람들의 가슴
맑아진 마음으로
화해와 용서의 시간
서로 나누게 하네.

일할 수 있다는 건

젊어서 근무할 때엔
일의 즐거움 알지 못하고

세월 흘러 정년을 맞으니
외로움이 어떤가 알았네.

일할 수 있다는 건
행복이며 축복이네.

그대여, 우리의 충심을
심지에 불붙이면 어떨까.

경계를 넘어

지난날의 삶 돌아보니
밝은 날보다
구름 끼고 안개 낀 날
더 많았었네.

세월은 덧없이 흘러
경계를 넘어섰네.
이제 돌아 갈 수 없는 길
너무 멀리 와 있네.

가슴에서는

이제는 내 가슴에서
아름다운 꽃
피어나지도 않네.
별도 뜨지 않네.

날씨 좋은 날에도
바람이 이네.
건조한 가슴에서
서성이는 추억의 그림자.

별빛

밤하늘의
별 하나
가슴으로 들어와
마음을 밝히고

별 따라
길 가는 나그네
방랑자의
길잡이가 되고.

친구 그리운 날

오랜 세월 흐른 아직까지도
이승 떠난 친구 그리운 날엔
친구와 나누던 우정이
옛 추억 그리움을 되살리네.

가슴에서 빛나는 보석을
세월의 지우개로 지워도
밤하늘의 별빛처럼 빛나네.
형형한 눈빛으로 타오르네.

민들레의 꿈

아지랑이 지피는 봄,
들에 나가
창공 날고픈
민들레의 꿈.

무참히 꺾는 사람은
민들레가
흘린 눈물을
보지 못하네.

들국화

아내는 꽃 가운데
들국화를
좋아하고
사랑한다.

자신이 걸어온
인생길
어려움 이겨내듯
꽃 피워낸 삶.

향기

그대 가지고 있는
생활의 맑은 향기
멀리 번져 가도록
주변에 전하라 하네.

향기도 쓰지 않고
오래 두면 변질되어
악취가 난다는 것
잊지 말라 하네.

해가 갈수록

사람들의 가슴
날이 가고
해가 갈수록
좁아져 가고

생명의 불꽃
타들어 가면
모르는 사이
두려움이 커지고.

무엇을 보아도

아름다운 꽃송이,
소나기 지나간 후
뜨는 무지개
산마루 저녁노을

무엇을 보아도
감동할 줄 모르네.
새로운 활력 만들어내는
감동을 모르네.

여백

그대의 삶
행복하길 원한다면
그대 가슴
가득 채우려 말라.

누구나 찾아들어
쉬어갈 수 있도록
해님 달님 별님
지나는 바람까지도….

가을 나무

가을 나무가
가슴에 달고 있던
훈장을 버리고 얻은
사랑의 열매.

살아가는 사람에게
행복의 의미
일깨우며
고루고루 전하네.

시간이 흐르면서

연륜 쌓일수록
오가던 대화도 끊기고
가까웠던 사이도
멀어져 가네.

마음과 마음 이어주는
통로 없다면
시간이 흐르면서
단절이 되네.

홍시

감나무 높은 가지에
남겨 놓은 홍시 몇 개
나그네 길 밝혀 주는
등불이라네.

보금자리 찾아가는
새들의 허기진 배
채워주는 양식으로
선조들이 남긴 지혜라네.

노을 빛 지듯

노을 빛 아름다움
까맣게 타들어간
가슴을 물들이며
얼마 남지 않은 길을 간다.

가던 길 멈추고
뒤돌아보려 말고
순리 따라 살다가
노을 빛 지듯 가라 한다.

아내의 일기장

오랜 세월 흐른 아직까지
아내의 일기장에
선명하게 남아있는
눈물의 흔적.

무엇 때문에 흘린 눈물인지
아내 이외엔
눈물의 세세한 의미
아는 이 없네.

인생길 4

절룩이며 걸어온 길
허리 펼 날 없었네.
어떤 삶이 보람인지
헤아리지 못했네.

이제는 후회해도
돌아갈 수 없는 길
다시 돌아 갈 수 있다면
그리 살지 않으리.

들꽃

아름다운 들꽃들
희망 잃지 않고
누군가가 찾아오는 길
기다린다.

간혹
발길 멈추고
꽃의 보석이라 칭찬하면
꽃들도 기쁨에 춤춘다.

갈대의 노래

이별에 앞서
그대가 불러준
애절한 노래에
발길 멈추고.

그 노래 말없이
듣고 있다가
가던 길 다시 가며
또 흥얼거리고.

연등

부처님 오신 날마다
연등을 밝혔다.
세상을 밝혀 달라
부처님께 서원했다.

마음을 밝히고
그 빛 멀리까지
도달하지 못한다 해도
희망을 잃지 말자.

마음의 밭

오염된 마음의 밭에는
씨앗 뿌려도 새싹이 돋지 않는다.
한 송이 꽃도
피어나지 못한다.

잡초만 무성하게 자라날 때면
미련 없이 마음의 밭
모두 갈아엎고
다시 씨앗을 뿌려라.

삶의 매듭

스스로 풀어가야 할
삶의 매듭을
풀어주는 이
아무도 없다.

그 매듭 풀어내려
아무리 노력해도
풀리지 않을 땐 미련 없이
매듭을 끊어라.

흐르는 물을 보며

모두가 목 길게 빼고
높은 곳 더 높은 곳 향해
오르려고만 하는데
유일하게 낮은 곳을 찾는 물

더 낮은 곳 향해 흐르는
물을 통해 배우는
삶의 지혜 깨닫게 되고
자신을 돌아보는 계기가 된다.

시 사랑 연인

들꽃이며 바다도 좋아하지만
시를 더 좋아한다는 여인
하루에 한 편의 시를 읽지 않으면
마음의 안정을 찾지 못한다는 사람

고고한 삶의 향기 잃지 않는 여인
시가 읽히지 않는 각박한 세태에서
시를 사랑하는 가슴 따뜻한
그녀 같은 사람 늘어난다면

바람 따라

불어오는 바람 따라
구름으로 흘러가네.

다다를 곳 그 어디인지
아는 이 없네.

바람 따라 흘러간 구름
아무리 찾아보아도

흘러간 곳 그 어디인지
아는 이 없네.

가을 고개

가쁜 숨 몰아쉬며
고개를 넘네.

뒤따르는 낙엽들
눈물을 짓네.

모두가 떠난
외로운 자리

끝까지 지켜가는
몇 개의 잎새.

시작과 결과

씨앗 뿌려 싹튼다고
바로 자라서
바로 꽃 피고
열매 맺지 않는다.

가꾸고 북돋우며
오랜 시간이 필요하듯
자신이 처한 현실
욕심을 버려야 한다.

3부

10구체 향가 형식으로

사랑 하나로

희망 노래

오늘은 바람 불고
비 내린다 해도
내일이면 밝은 해가
떠오르지요.

오늘의 어려움도
참고 이겨낸다면
뒤따르는 어려움도
오래 가지 않아요.

우리 모두 다 같이
희망 노래 불러요.

사랑

자신을 버리고
하나의 작은
씨앗이
되는 거란다

새 생명
싹틀 수 있도록
모진세파 이겨내는
희망의 불씨.

다시 불길로
다시 타오르게.

사랑 하나로

나무 한 그루
풀 한 포기
사랑하는 마음으로
살아 왔다.

생명의 소중함
깨달았기에
미물이라 해도
해치지 않았다.

사랑 하나로
살면서, 깨달으면서.

아버지 그 이름

예전엔 몰랐습니다.
'아버지'가
가슴에 새겨진
그리운 이름이라는 걸,

아버지가 되고서야 알았습니다.
아버지께서
한 평생 져 오신 삶의 무게를,
아버지의 꾸지람을.

하늘 우러러보고
목 터지게 불러보는 이름.

구절초

산허리에 피어난
구절초의 눈빛 속에
희로애락이 모두
담겨 있다.

마음 우울해질 때면,
일손 잡히지 않을 때면,
구절초를 찾아
가슴을 털어놓는다.

왠지 모르게 끌리는,
가슴 모두 비워 놓는.

새벽 별

잠 못 이루는 밤이면
마음의 천장에서
초롱초롱 빛나는
새벽 별을 본다.

밤하늘을 수놓은
새벽 별을 보면
어두웠던 마음도
환하게 밝아온다.

그 사이 내 가슴은
그리움의 별이다.

기다리는 마음

기다리는 사람 있다는 것,
기다릴 사람 있다는 것
얼마나 가슴 따뜻하고
행복한 일인가.

따뜻한 밥상 차려놓고
퇴근길 남편 기다리는
아내의 마음
가슴 따뜻한 밥상.

아내가 차려 놓은,
사랑과 정성으로 차려놓은.

살아가며

마음의 강 하나
뛰어넘지 못하면서
세월의 강
뛰어넘으려 하네.

자신의 마음 하나
추스르지 못하면서
다른 사람 마음까지
다스리려 하네.

허허, 이제
자신이나 돌아볼 일.

내 가슴의 꽃

그대는 내 가슴 속
단 하나의 보석

가슴에 묻어둔
사랑의 불씨

끊임없이 솟아나는
사랑의 생수

내 가슴에 피어난
유일한 꽃

지지 않는 불꽃,
가슴에 남은 사랑.

친구의 독백

둘이 나누던 생활의 짐
혼자 지게 되었다.
둘이 손잡고 걷던 인생 길
혼자 걷게 되었다.

어느 날 갑자기
혼자임을 알았을 때
절해고도에
유배된 마음이었다.

정신 가다듬고
먼 항해의 키를 잡는다.

뻐꾸기

한 맺힌 사연
노래로 부를 때면
山村의 풀 나무까지
숨죽인다.

유난히 애절하게
들려오는 그 노래,
생활의 짐을 등에 지고
어렵게 살아가는 민초.

우리들의 마음까지
애절하게 한다.

때로는 사랑도

사랑을
약으로만 알고
살아온
인고의 세월

마음을 잡고
살다 보면
때로는 사랑도
독이 된다.

이 진리
깨닫는 아침.

가을비

이별을 재촉하는
가을비의 연주.
비창이 가슴을 적실 때면
처연해진다.

가슴에 자리 잡고 있던
그리운 이의 모습
꽃 피우지 못하고
가을에 떠난 사람

산사의 종소리도
가을비에 젖어든다.

행복한 사람

같이 있으면
가슴 뜨거워지는 사람
언제라도 손잡고
여행 떠날 수 있는 사람.

오랜 세월 흘러도
잊히지 않고
가슴에 남아 있는
그리운 사람.

어느 때 찾아가도
반갑게 맞는 친구.

새로운 모습으로

큰 도량으로
세상을 보면
지금까지 보아왔던
사물의 모습도 커진다.

하나하나
세상을 보는 눈과 마음
새로운 모습으로
다가온다.

앞으로의 인생길에
큰 길이 보인다.

지난 날 거울삼아

나래 한 번
활짝 펴지 못하고
엉거주춤 살다보니
세월만 갔네.

돌이킬 수 없는 삶,
후회가 되네.
지난 날 거울삼아
보람을 찾네.

여생(餘生)도 부지런히
씨앗 뿌려 가꾸려네.

성찰의 시간

조상을 섬기지 않는
그대는 누구인가?
어디서 왔는가?
자신을 돌아보라.

그대의 현실을 부인해도
이 시간에
조상의 뜨거운 피가
그대 가슴에 흐른다.

어떤 길 갈 것인가
성찰의 시간을 가져보라.

자신의 자리

당당한 주연으로
생의 中心에
자리 잡지 못하고
서 있다 보면

자신의 자리
찾지 못하고
방황하다가
그 자리 앉아 있으면

되찾을 수 없는
자리가 되어 있다.

청보리 밭

푸르름이 물결치던
고향마을 보리밭에선
종달새가 불러주던
봄 노래가 살아난다.

사래긴 보리밭 매시던
어머니 터진 손등,
보리 풍작 기원하며
보릿고개 넘던 시절.

아직도 이른 봄 들녘에
이어지는 종달새 노래

봉사하는 마음 손길

—근자 누이에게

한결같은 마음으로 봉사하는
손길이 참으로 아름답네.
타고난 선한 성품 사랑의 온기
맑은 향기로 멀리 번지네.

선은 쌓이는 만큼 되돌아온다는
부모님의 가르침 철저히 실천하네.
앞으로도 빛과 소금 큰 봉사
보람된 생활로 살아가겠지.

어디에서나 사랑받는 사람으로
살아가기 바라며 기도를 한다.

인생길 1

단 한 가지라도
뜻대로 되는 일 있었던가.
길 가다 예기치 못한
장애물에 막히기도 한다.

굽이돌아 갈 길도 만나고
길 가다 보면
헤쳐가야 할
수많은 장애물을 만난다.

그 길을 알고 간다면
조금의 여유를 즐길 수 있다.

인생길 2

너무 똑똑해도 피곤하다.
살아가며 때로는
어리석은 면도
있어야 한다.

상대방이 자신을
속인 줄 알면서도
한 번쯤 속아 주는 것도
삶의 지혜란다.

한 발짝 물러서서
뒤따르는 행복도 있다.

인생길 3

고속으로 목적지
다다른 사람도,
저속으로 목적지
다다른 사람도

뒤따르는 후회
매한가지라네
후회 없는 인생길
찾아보기 힘들다네.

출발선에서 종점까지
여유롭게 가라네.

측면으로 비켜서서

올곧은 길 안내 해야 할
지도층 인사가
자신들의 이(利)를
취하기 위해 눈이 번득인다.

자신들은 교묘하게
측면으로 비켜서서
선량한 시민들
골목길로 안내하면서도

훗날의 업보
눈물지을 두려움도 모르네.

냉길이 형수

일찍이 홀로 되신 고향 마을 형수님은
남매를 훌륭한 일꾼으로 키워내고
고향 땅 굳굳하게 지켜 가며
농사를 천직으로 생활한다.

아들 딸 키워내는 마음,
사랑과 정성으로 강한 정신력 인내심은
남성을 능가하는 철인이지만
누구에게나 사랑 베푼다.

마음씨 고운 살아가는 형수님은 늘
봄비 내린 아침 눈부신 햇살이다.

고향 마을 종섭형은 1

어떤 어려움 처한다 해도
굳굳하게 고향 땅 지키는
자랑스런 형이다
언제 보아도 미소가 곱다.

농산물 값 떨어질 때도
애써 가꾼 농산물 피해 입어도
희망 잃지 않는 눈빛으로
당당하던 형이다.

이제 세월의 무게로
삽질조차 힘든 분이다.

고향 마을 종섭형은 2

고향 마을 종섭형의 자랑은
끝이 없다.
농부에게는 정년도 없고
일한 만큼 소득도 보장된다고 한다.

건강이 허락하는 한
평생 일할 수 있는 직업이 농업이란다.
힘겨워 보여도 알지 못하는
농작물 가꾸는 재미가 있다고 한다.

아무리 먼 길 가도
형이 가는 길에는 과속이 없다고 한다.

고향 마을 이장님

고향 마을 정인철 이장님은
어려운 사람을 보면 지나치지 못하고
자신의 맡은 일은 어떤 일이든
완벽하게 해내는 뚝심의 사나이다.

불의를 보면 울분 참지 못하고
당당하게 선두에 서서
바로잡고 마는 의리의 사나이,
희망을 나누는 사랑의 전도사다.

오늘도 고향 발전을 위해 열심히 뛰는
이장님에게 응원가를 드린다.

* 임실군 성수면 삼봉리 신덕마을

모닥불

이른 아침 어둠을 뚫고
일터로 나가는
빈자(貧者)의 마음
사랑으로 채우네.

불꽃으로 타오르기
바라는 마음
한 줄기 희망 불빛
가슴에 품네.

오늘의 어려움보다
내일의 행복을 밝히네.

제 무덤임을 모르고

다른 사람 빠지도록
파 놓은 함정에
자신 먼저 빠진다.
아차차 빠진다.

다른 사람 걸리도록
설치해 놓은 덫에
자신 먼저 걸린다는 걸
사람들은 모르네.

스스로 무덤을 파면서도
제 무덤임을 모르네.

아내의 화단

아내는 날마다
주택 뒤에 조성해 놓은
아내의 화단을 가꾸며
꽃 닮은 마음으로 산다.

계절 따라 피어나는
각양각색 꽃을 가꾸며
살아가고 싶다는
아름다운 꿈.

사랑과 마음을 가꾸며
자신 또한 가꾸네.

고향의 정경

고향을 방문했다가
돌아올 때면
뒤돌아보지 않겠다고
다짐을 한다.

고향산천 곳곳에
남아 있는 유년의 흔적
그 정경 잊지 못해
아뿔싸, 뒤돌아본다.

오랜 세월 흘러도
불씨를 지피는 저 하늘.

생활의 짐

어깨 짓누르는
삶의 무게
이처럼 무거운 줄
알지 못했네.

인생길 끝까지
지고 가야 할
내려놓을 수 없는
생활의 짐.

돌보다 무겁네.
무쇠보다 무겁네.

묻혀있는 보석

자신이 누구인가
어디서 와서
어디로 가고 있는가
생각하라 하네.

무엇을 꿈꾸고
어떻게 살아 왔으며
어떻게 살 것인가
생각해 보라네.

찾지 못한 보석
마음에서 찾으라네.

지나간 자취

사람이 지나간 자취
오래도록 남는다.
한번 지나가면 그뿐이라는
생각을 버려야 한다.

보는 이 없다 해도
어느 때 떠난다 해도
지나간 자취
깨끗해야 한다.

그리운 사람을 위하여
보고 싶은 사람을 위하여.

낙엽의 노래

낙엽이 길 떠나며
불러준 가을 노래
들려올 때면
마음 숙연해지네.

청춘을 노래하며
언제까지나
푸르른 잎새로
살아갈 것 같네.

그대가 부르는 노래
따라 흐르는 눈물.

초심 잃으면

처음부터 끝까지
행복의 길 가려면
첫눈 같은 마음으로
초심 지키며 살아가야 한다.

남들보다 목적지
먼저 도달하려고
초심 잃으면
남들이 먼저 알게 된다.

행복의 거리는
마음만큼만 벌어진다.

냇물의 노래

냇물이 불러주는
맑은 노래는
언제 들어도
마음을 맑게 한다.

지금은 고향엘 가도
그 노래
들을 수 없는 아쉬움에
냇가를 찾는다.

버드나무 가지 사이
그대 맑은 목소리.

공(空)

우주는 空이다.
그대들이 사는 곳도
돌아가야 할 것도
모두 空이다.

무엇을 채우려 하는가.
채우려 한다고
세상 그 무엇이
채워지던가.

우리 모두 空 속에
잠시 머물다 간다.

친구라 해도

오랜 친구라 해도
그대와 내가 서로 마음을 열고
가슴 속의 이야기를 나눌
참된 친구가 드무네.

오랜 친구의 마음과
자신의 마음이
콩깍지처럼 똑같은 줄 알고
속 깊은 이야기를 나누지만

세월이 흐르면
오히려 허물이 될지 모르네.

가로수

자르라 한 사람도
자른 사람도
그 신음 소리
듣지 못한 때문인지

눈물 흘려도
가로수의 눈물
닦아주려 않고
자리를 뜨네.

팔 잘린 가로수가
아프다 까무러치네.

병을 앓는 산

오르려 찾아간
수많은 사람들
편한 산행 되도록
등을 내준다.

하루 종일 사람들
등에 업어 나르다 보면
석양에는 몸살로
등을 펼 수 없다.

누적된 피로로
병을 앓는 산.

밥상 앞에서

반 백 년 넘도록
아내가 차려주는
밥상만 받아오다
오늘 하루 대신한다.

간혹 아내 대신
밥상을 차리면서
죄인의 마음 된다는 걸
깨닫는다.

한 평생 하루 세끼에
매달려 온 아내의 세월.

나그네 고향길

흙내음 따라
고향 길 걸을 때면
가슴에 스며드는
고향의 향기.

논밭에서 일하다
고향 찾는 나를 보며
잠시 일손 멈추고
반갑게 맞는다.

고향 길의 행복,
손잡아 주는 사람들.

고운 꿈 가슴에 담고

이승 떠나기 전
노을 빛 아름다움
오색 무늬 가을 잎새
정다운 주변 정경(情景)

가슴 따뜻해지는
사랑 이야기
어머니의 사랑 향기
가슴에 새긴다.

고운 꿈 가슴에 담고
떠날 수 있도록.

그대는 누구인가

하루에도 수많은 사람
접하게 된다.
우리네 조상님들
생명처럼 지켜온 미덕.

세태의 변화인가
양심도 염치도 오간데 없네.
때 장소 가리지 않고
자신에게 利 되면 고개 내미네.

利 없다 생각되면 고개 돌리는
그대는 누구인가.

눈 크게 뜨고

눈 크게 뜨고
찾아보아도
담대하고 도량 큰 사람
보이지 않네.

쥐꼬리만한 利에
눈 부릅뜨고
싸움질하는
소인배들로 가득하네.

세상은 항상
소인배들로 소란스럽네.

눈 내리는 날

새로운 희망
행복이 쌓인다.
가슴 따뜻한 사랑
정이 쌓인다.

눈길 걸으면
소원했던 사이도
가까워지고
가슴을 나눈다.

정다운 이야기로
마음의 문을 연다.

빛깔로 말하다

가산 형이 선물한
책상 위에 놓인 국화
목마름 풀어 달라
빛깔로 말하다.

꽃을 사랑한다고
말할 수 있겠는가.
국화의 빛깔 보고
목마름 풀어주자.

고마움 향기로 전하며
빛깔로 말하자.

달맞이 꽃

날마다 달님
만나기 위해
정성 다해
기도한다.

아무리
기도를 해도
날씨 흐린 날엔
물거품이 된다.

그래도 기도하는
저녁나절.

어디를 가나

그대 삶의 보람
어디에서 찾는가.
따뜻한 인간 향기
어디에 남겨 놓았는가.

그대 떠난 후에도
누군가의 가슴에
오래도록 여운으로
남아 있도록 기도하자.

그대가 남겨 놓은
은은한 향기.

가던 길 멈추면

한 번 정한 목표
정진하지 못하고
가던 길 멈추면
죽도 밥도 안 된다.

어떤 장애물 만나도
넘어야 한다.
성공의 길은 멀고도
험난하다.

인생길은 끝없는
도전이다.

모래성 쌓고도

고난의 세월 보내며
인내와 끈기로
정신 마음 다진
옛 어르신들.

눈보라 비바람에도
무너지지 않는
성벽을 쌓았는데,
철옹성을 쌓았는데

현대의 젊은이들
모래성에서 축제하네.

기산 형이 보낸 편지

한 편의 시를 쓰기까지
내면의 외로움
알지 못한다는 형은
시를 쓰는 내가 부럽단다.

시가 읽히지 않는 시대에
자신의 행복 가꾸어 갈 줄
아는 사람이라는
기산 형의 마음 편지.

시를 사랑하는 그는
카오스에서도 빛나는 별이다.

내 가슴의 꽃으로

이근풍 시집

발 행 일 | 2014년 9월 15일
지 은 이 | 이근풍
발 행 인 | 李憲錫
발 행 처 | 오늘의문학사
출판등록 | 제55호(1993년 6월 23일)
주　　소 | 대전광역시 동구 대전로 867번길 52(삼성동 한밭오피스텔 401호)
전화번호 | (042)624-2980
팩시밀리 | (042)628-2983
홈페이지 | http://www.lito77.co.kr(홈페이지)
전자우편 | hs2980@hanmail.net

공 급 처 | 한국출판협동조합
주문전화 | (070)7119-1741~2
팩시밀리 | (031)944-8234~6

ISBN 978-89-5669-639-3
값 8,000원